100 astuces bébé

Dans la même collection :

365 activités avec mon bébé (0-1 an)

365 activités avec mon tout-petit (1-3 ans)

365 activités avec mon enfant (3-5 ans)

100 massages et activités de relaxation avec mon bébé (0-2 ans)

100 activités Montessori pour préparer mon enfant à lire et à écrire (2-6 ans)

© Nathan 2011.

ISBN : 978-2-09-278540-9

Dépôt légal : mars 2011

Imprimé en France par Clerc

N° d'éditeur : 10169400

100 astuces bébé

pour se simplifier la vie au quotidien

auteur
Isabelle Gambet-Drago

illustrations
Emiri Hayashi

photos
Daniel Drago

sommaire

Bébé de 0 à 3 mois

L'alimentation
1. Nourrir bébé d'attention et de tendresse
2. Stimuler son appétit
3. Bien installer bébé pour le nourrir
4. Un nez bien dégagé pour mieux téter
5. Aider bébé à faire son rot
6. Stopper le hoquet

Le sommeil
7. Peau à peau
8. L'emmaillotage
9. La peau d'agneau, une douceur apaisante
10. Organiser sa chambre
11. Le co-dodo sans risque
12. Une nuit sans sursauts
13. Sortir bébé de son lit sans le réveiller
14. Reposer bébé dans son lit sans le réveiller

L'habillage
15. Enfiler un body
16. Habiller un bébé « en extension »
17. Déshabillage facile
18. Choisir les bons habits

Le portage
19. Choisir la bonne poussette
20. L'écharpe de portage
21. Transformer un porte-bébé classique
22. Porter bébé sans risque

Le bien-être et la toilette
23. Le siège
24. Le cordon

- **25** Savonner bébé avec les mains
- **26** Le bain sans risque
- **27** Le bain emmailloté
- **28** Nettoyer son cou
- **29** Stop aux croûtes de lait !
- **30** Ouvrir la main de bébé et la nettoyer

Le massage

- **31** Les bonnes conditions
- **32** Choisir l'huile de massage
- **33** Le massage contenant
- **34** Le massage glissé
- **35** Le massage du ventre anti-coliques
- **36** Le massage du pied anti-coliques

L'éveil et la motricité

- **37** Choisir un mobile
- **38** Sa première séance de gym
- **39** Passer du plat-ventre au plat-dos facilement
- **40** La position magique

Bébé de 4 à 8 mois

L'alimentation

- **41** Le même plat plusieurs jours de suite
- **42** Des repas vite préparés
- **43** Un repas sur les genoux de maman
- **44** Une vraie carotte… pour patienter
- **45** Des bavoirs toujours propres
- **46** Fini les odeurs aigrelettes !

Le sommeil

- **47** La sieste réparatrice
- **48** Un bain relaxant avant la nuit
- **49** Les rituels du soir

50 Bien choisir sa veilleuse
51 Respecter ses rythmes

Le bien-être et la toilette

52 Prendre soin de sa peau
53 Fabriquer son liniment
54 Faciliter la prise de température
55 Des chaussettes pour faire baisser la fièvre
56 Astuce pour nettoyer son nez

Le massage

57 Masser votre bébé en position assise
58 Massage relaxant du pied
59 Massage pour diminuer les douleurs dentaires
60 Massage lors des poussées dentaires
61 Massage pour stimuler les défenses immunitaires
62 Massage en cas de rhume

L'éveil et la motricité

63 Des jeux à plat ventre
64 Baby yoga
65 Les dangers du youpala
66 Debout... mais pas trop tôt !
67 Fabriquer une boîte à sons
68 Fabriquer son tapis d'éveil
69 L'album de famille

Bébé de 9 à 24 mois

L'alimentation

70 Des mains propres pour manger
71 Un repas bien organisé
72 Apprendre à mastiquer

73 Découvrir les aliments avec ses mains
74 Préparer son autonomie pendant les repas
75 Réduire les risques d'allergies alimentaires

Le sommeil
76 L'histoire du soir
77 Un lit seulement pour dormir
78 Des doudous de secours
79 En voyage
80 Un disque personnalisé

Le bien-être et la toilette

81 Contre la constipation
82 Lui apprendre à s'essuyer
83 Lui apprendre à se moucher seul
84 Un sablier pour se laver les dents
85 Bien entendre pour bien parler

Le massage
86 Massage pour éliminer les tensions
87 Massage pour apaiser les enfants agités
88 Massage contenant et calmant
89 Garder le lien
90 Massage pour mieux dormir
91 Massage de la tête

L'éveil et la motricité

92 Des bâtons pour accompagner ses premiers pas
93 Marcher pieds nus
94 Baliser son chemin
95 Les blocs de cire
96 La pince à cornichons
97 Des papiers à toucher
98 Un coin à sa taille
99 Un temps pour s'ennuyer
100 Le chasse-colère

Introduction

Prendre soin de son enfant, l'éduquer, l'accompagner dans sa construction, dans ses apprentissages ou dans ses choix peut sembler naturel et évident à de futurs parents. Avant d'avoir des enfants, nous construisons une éducation théorique exemplaire. Mais lorsque bébé est là, les choses se compliquent parfois... dès les premiers jours !

Pour vous accompagner sur le chemin de ce nouvel apprentissage, voici 100 astuces – gestes, massages, conseils, etc. – qui pourront vous être très utiles au moment des repas, des nuits, des siestes ou de l'apprentissage de l'hygiène. Il s'agit toujours d'astuces simples qui ne nécessitent aucune habileté particulière et qui vous faciliteront la vie au quotidien.

Dans tous les cas, faites-vous confiance et partagez avec votre bébé de beaux moments d'échange et de complicité.

Isabelle Gambet-Drago

Bébé de 0 à 3 mois

L'alimentation

À première vue, nourrir un bébé semble chose facile. Pourtant, certains imprévus peuvent contribuer à perturber un repas : la faible tonicité d'un bébé ou la fatigue de la maman. Il serait dommage que ces désagréments rendent les repas difficiles alors qu'un simple geste peut améliorer la situation ou régler le problème. Que vous ayez opté pour l'allaitement maternel ou pour le biberon, voici certaines astuces pour que le repas reste un moment de plaisir partagé.

1
nourrir bébé d'attention et de tendresse

Pendant les neuf mois de grossesse, le bébé est rassasié en permanence. En venant au monde, il découvre de nouvelles sensations comme celle de la faim, et, le plus souvent, c'est en pleurant ou en se tortillant qu'il réclame à boire. Qu'il soit nourri au sein ou au biberon, le bébé a un besoin *vital* de sentir un lien très fort avec la personne qui le nourrit. Le regard, les paroles, les gestes sont essentiels à son épanouissement. Ils le nourrissent presque autant que le lait.

Il sera toujours plus agréable au bébé d'être blotti et contenu dans les bras de son parent, sous son regard attentif, que seul dans un transat. Bien calé contre l'adulte, il se sent rassuré et peut manger tranquillement.

2
stimuler son appétit

Certains bébés s'endorment lors des tétées... et réclament de nouveau un peu plus tard car ils ne sont pas rassasiés. Un rapide massage des pieds, juste avant l'allaitement, stimulera votre bébé et lui permettra de téter de façon plus tonique. Pour cela, stimulez par pression le point d'acupuncture appelé « point 1R » qui permet de rééquilibrer tous les systèmes. Il se situe au milieu du tiers supérieur du pied.

0+

l'alimentation

Placez votre bébé à plat dos sur la table à langer ou sur votre lit. Sortez le pied droit de son pyjama et laissez le pied gauche au chaud. Réalisez de petites pressions avec vos deux mains autour de la cheville et du pied. Puis, avec vos paumes, massez délicatement son pied.

Placez votre pouce sur le point 1 R et dessinez des cercles comme si le pouce était collé sur ce point, en tournant dans le sens des aiguilles d'une montre. Faites une dizaine de rotations. Massez de nouveau quelques secondes le petit pied, puis terminez en exerçant une pression légère sur l'ensemble du membre.

Replacez le pied de bébé bien au chaud dans le pyjama et faites de même avec le pied gauche. Il est impératif de masser les deux pieds.

3

bien installer bébé pour le nourrir

Le bébé a besoin de sentir que la personne qui le nourrit est détendue, prenez donc le temps de bien vous installer avant son repas. Donner le sein ou le biberon sur un tabouret ou debout n'est agréable ni pour vous ni pour votre bébé. Trouvez un coin dans la maison qui vous convient bien. Un fauteuil près d'une fenêtre ou un canapé seront souvent les endroits les plus confortables pour ce moment privilégié entre vous et votre bébé. Si vous l'allaitez, veillez à bien le caler sur un coussin d'allaitement ou sur des coussins classiques afin que toutes les parties de son corps soient soutenues, pieds compris.

Le bébé ainsi contenu peut téter en toute sérénité et être parfaitement détendu au niveau musculaire. Lorsque vous allaitez, il est important que vos épaules soient relâchées en position basse et que vos coudes reposent sur un support confortable pour que vous ne ressentiez pas de douleurs dans vos muscles trapèzes. En effet, les tensions peuvent contrarier la production de lait. Si vous donnez le biberon, installez-vous dans un fauteuil, le dos bien calé.

4
un nez bien dégagé pour mieux téter

Lorsqu'il tète et déglutit, le bébé respire par le nez. Il est donc nécessaire que les voies aériennes soient bien dégagées pour qu'il se nourrisse sans gêne ni difficulté. Le nez filtre l'air et retient les poussières ; il se forme donc régulièrement des petits amas de poussière réduisant le passage de l'air. Pour évacuer ces petites croûtes, nettoyez en douceur le nez de votre bébé au moins deux fois par jour en l'humidifiant. Vous pouvez utiliser une petite mèche de coton humide, un spray spécial bébé ou encore des petites doses de sérum physiologique. Dans ces deux derniers cas, allongez votre bébé et tournez sa tête sur le côté avant de mettre le liquide.

5
aider bébé à faire son rot

Tous les bébés avalent un peu d'air pendant qu'ils tètent. Un geste simple peut vous aider à favoriser l'évacuation des bulles d'air.

Pour faire remonter plus vite l'air provenant de son estomac, positionnez sa tête sur votre épaule, puis, tout en tenant son dos d'une main, utilisez votre autre main pour lui lever un bras vers le haut. Cette technique va soulever son diaphragme et propulser l'air accumulé vers l'extérieur.

0+

l'alimentation

6

stopper le hoquet

Le hoquet du bébé démarre dès la vie intra-utérine et se poursuit les premiers mois de vie. Sans conséquence sur sa santé, il est cependant très désagréable pour le bébé. Afin de le stopper rapidement, prenez un morceau de papier absorbant de la taille d'une pièce de monnaie, imbibez-le d'eau très froide et placez-le sur le front entre les deux yeux. Vous pouvez laisser le papier ainsi collé quelques minutes. Le hoquet s'arrêtera rapidement.

Le sommeil

À la naissance, le bébé n'a pas encore acquis le rythme jour-nuit, qui n'apparaît spontanément qu'au cours du deuxième ou troisième mois de vie. Or si le bébé dort beaucoup la journée, il n'en va pas de même pour ses parents ! Avant l'apparition de plus longues phases de sommeil nocturne, pensez à certains gestes qui peuvent aider le bébé à s'endormir plus facilement et en toute sérénité.

7

peau à peau

Les premières semaines, votre bébé appréciera énormément de se retrouver tout contre vous, sa peau contre la vôtre, pour sentir votre odeur rassurante, entendre le bruit de votre cœur et le souffle de votre respiration. Bien au chaud, il sera paisible et s'endormira très facilement. Le peau à peau se pratique avec maman ou papa. Asseyez-vous confortablement, le dos légèrement incliné. Torse nu, installez votre bébé (tout nu lui aussi avec sa couche) en posant sa tête au-dessus de votre poitrine. Recouvrez son dos d'un drap ou d'une couverture polaire bien douce. Vous pouvez aussi le glisser dans un tee-shirt tissé en jersey avec un col en V. Attention, ce n'est pas un système de portage. Si vous vous levez, tenez votre bébé avec une main sous ses fesses et l'autre derrière son dos.

0+

le sommeil

8

l'emmaillotage

L'emmaillotage des bébés a très longtemps été une pratique courante. Puis l'ère de la liberté totale à partir des années 1970 l'a délaissée. Elle est de nouveau prônée aujourd'hui par bon nombre de pédiatres et de parents car elle permet au bébé – en particulier s'il a beaucoup de sursauts pendant son sommeil – de dormir plus paisiblement. Ainsi contenu, le bébé peut dormir plusieurs heures sans se réveiller. Pour le confort du bébé, choisissez un tissu en jersey pour l'emmailloter.

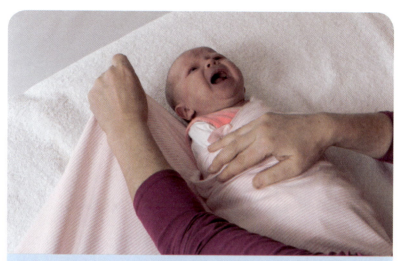

Placez bébé au centre du tissu. Tirez le tissu en direction des mains pour envelopper l'épaule puis repliez le tissu pour le coincer dans le dos du bébé. Faites de même avec l'autre côté.

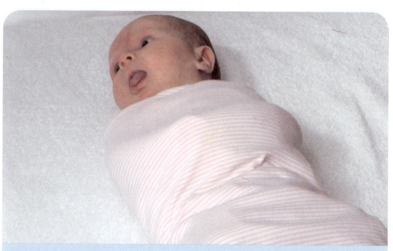

C'est le poids de son corps qui maintient le tissu dans son dos. Une fois emmailloté, bébé se calme et s'endort rapidement.

9
la peau d'agneau, une douceur apaisante

La peau de mouton ou d'agneau présente tant
d'avantages que, lorsque vous l'avez expérimentée,
il devient impossible de s'en passer !
Simple d'utilisation, elle se pose directement
sur le matelas du bébé et, pendant les moments
d'éveil, peut servir de tapis de jeu.
Son entretien est très facile grâce à ses propriétés
autonettoyantes. Elle peut être déplacée aisément
du lit à la poussette ou au siège auto.
Votre bébé appréciera de garder ainsi
ce repère lorsqu'il voyage.
Elle a un pouvoir thermorégulateur :
l'hiver, elle tient bébé bien au chaud ;
l'été, elle absorbe la chaleur.

0+

le sommeil

C'est aussi une enveloppe apaisante :
bien au chaud et douillettement installé,
le bébé sera apaisé, ce qui favorisera sa détente
et son sommeil. Les bébés placés sur une peau
pleurent beaucoup moins. Avant de la donner
à bébé, dormez quelques nuits avec cette peau,
elle conservera votre odeur et votre enfant
s'endormira ainsi en toute sérénité.
Un conseil : le bébé reposant directement
sur la peau, il est préférable, pour éviter
toute allergie, de choisir une peau bio
ayant reçu un traitement naturel.

10
organiser sa chambre

0+

le sommeil

L'organisation de l'espace a une influence réelle sur notre bien-être. Il en est de même pour le bébé. Aménagez-lui une chambre ou un coin harmonieux et apaisant.

- Faites en sorte que la porte d'entrée soit facilement visible par votre bébé depuis son lit sans qu'il fasse d'effort. Comme les plus grands, le bébé aime savoir qui entre dans sa chambre. Si son lit est mal placé, le bébé fera des mouvements très importants pour essayer de diriger son regard vers l'entrée.
- Si votre bébé tourne fréquemment sa tête du même côté, positionnez son lit afin de l'inciter à tourner la tête du côté le moins sollicité. La porte d'entrée, les fenêtres et les mobiles attirent le regard des bébés.
- Si votre bébé est très agité pendant le sommeil, essayez de changer son lit de place.
- Pour les murs de sa chambre, privilégiez les teintes claires et pastel, symboles de calme et d'ouverture.

11

le co-dodo sans risque

Bébé dort beaucoup mieux quand il sent votre présence toute proche, c'est pourquoi beaucoup de parents adoptent le co-dodo dès le retour de la maternité. De plus, avoir bébé tout près de soi facilite beaucoup l'allaitement nocturne. Néanmoins, quelques précautions sont à prendre : placez bébé au milieu du grand lit pour éviter tout risque de chute et veillez à éloigner de lui la couette et les oreillers. Votre sommeil doit être réparateur. Si vous ne dormez que d'un œil par crainte que bébé ne s'étouffe, optez pour le *side-bed* : le lit ou le couffin de bébé est tout près de vous. Chacun dort ainsi séparément tout en étant ensemble. Néanmoins, si vous fumez, il est fortement déconseillé de faire dormir bébé dans votre chambre.

12

une nuit sans sursauts

Afin de limiter le réflexe de Moro – le bébé sursaute, ce qui le réveille –, il suffit d'enrouler légèrement les épaules de bébé vers l'avant lorsqu'il se trouve sur le dos : c'est l'antépulsion des épaules. Pour cela, dans son lit ou dans son couffin, roulez un lange de façon à obtenir une forme de boudin. Placez une extrémité sous une épaule et l'autre sous la seconde. Le lange passe au-dessus de la tête du bébé. Ainsi installé, bébé est plus détendu.

0+

le sommeil

13

sortir bébé de son lit sans le réveiller

Cette technique permet au bébé de rester calme et serein, ou même de continuer à dormir pendant que vous le déplacez.

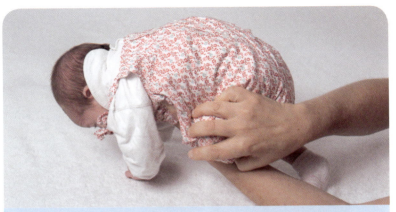

Amenez le genou fléchi vers le lit et soulevez bébé à plat ventre sur votre main. Puis faites pivoter votre main pour amener bébé vers votre épaule.

Gardez la flexion du genou jusqu'à son arrivée sur votre épaule. S'il dort, il s'enroulera autour de votre main sans se réveiller.

14

reposer bébé dans son lit sans le réveiller

Lorsque bébé s'est endormi dans vos bras, il est souvent difficile de le recoucher sans le réveiller. Pour éviter ce désagrément, utilisez cette astuce.

La tête de bébé est posée contre votre épaule : posez une main derrière son dos et soulevez légèrement ses fesses avec votre autre main. Glissez la main qui soutient son dos vers le ventre de bébé, les doigts vers le haut (voir photo n°2 astuce 14). Puis soulevez davantage les fesses : le bébé se retrouve à plat ventre sur votre main. Faites-la pivoter vers l'extérieur.

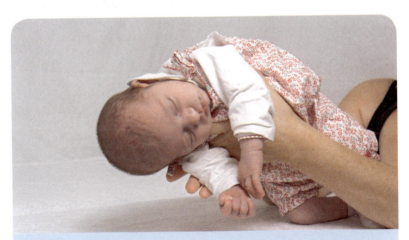

Posez la tête de bébé sur le matelas et vérifiez que son bras est vers l'avant. Une fois que bébé est posé sur le côté, glissez votre main dans son dos pour maintenir son bras. Continuez le mouvement jusqu'à ce que bébé soit à plat dos.

L'habillage

Les nouveau-nés n'apprécient pas beaucoup les séances d'habillage et de déshabillage, en particulier lorsqu'il leur faut plier les bras, les jambes ou soulever la tête. Avec quelques gestes simples, il est cependant possible de déshabiller un bébé sans le gêner ni même le réveiller.

15

enfiler un body

Lorsque vous habillez bébé, évitez de lui soulever la tête. Même si beaucoup de parents l'ignorent, c'est particulièrement inconfortable pour un tout-petit.

Pour mettre à votre enfant un body, commencez par enfiler une première manche. Ramenez ensuite les pieds du bébé sur son ventre et d'une main soulevez-lui les fesses (voir astuce n° 17). Il est complètement enroulé en appui sur le haut de son dos et sur sa tête. Avec votre autre main, faites passer le body dans son dos.

Reposez ses fesses et enfilez l'autre manche.

16

habiller un bébé « en extension »

Lorsque les deux jambes de votre bébé se trouvent en extension, il n'est pas toujours facile de lui enfiler son pantalon ou son pyjama.

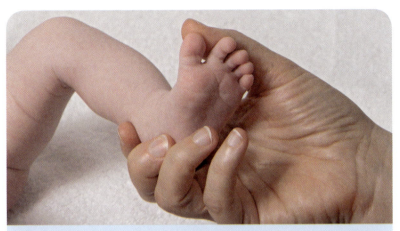

Pour fléchir sa jambe sans batailler, placez vos doigts sur son talon pour le maintenir et votre pouce sur le dessus de son gros orteil.

Abaissez le pouce vers le bas.
La jambe se plie automatiquement et sans effort.
Pour obtenir l'extension, relâchez votre pouce.
Vous pouvez utiliser cette astuce jusqu'à 1 an.

17

déshabillage facile

Pour le confort de votre bébé lors des séances d'habillage et de déshabillage, faites en sorte de ne pas soulever sa tête. Ainsi, votre bébé ne déclenche pas de réflexe de Moro et il reste calme.

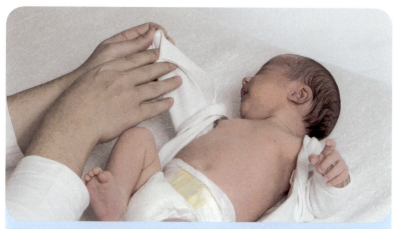

Commencez par enlever une manche puis, au lieu de soulever bébé, fléchissez ses jambes et ramenez-les sur son ventre. D'une main, soulevez légèrement ses fesses.

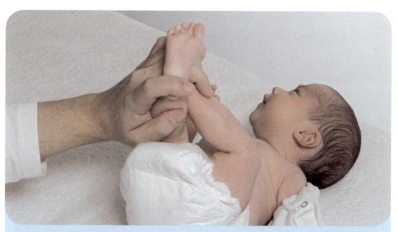

Retirez le body puis reposez les fesses. Si vous devez retourner votre bébé, rassemblez ses jambes, glissez votre main sous ses fesses et faites-le pivoter pour le retourner à plat ventre sans soulever la tête.

18
choisir les bons habits

Avant tout, choisissez pour votre bébé des
vêtements simples, en matière naturelle
— lin, coton, laine douce — plutôt que des matières
synthétiques qui peuvent irriter sa peau fragile.
Les habits qui s'enfilent par la tête sont
à proscrire car ils vous obligent à soulever
la tête de bébé, ce qui n'est pas confortable
pour lui. Pour le confort de votre enfant,
il est aussi essentiel de veiller à ce qu'il soit
maintenu bien au chaud. En effet,
les nouveau-nés se refroidissent très vite.
Certaines parties du corps comme les pieds,
le dos et le ventre doivent être
couvertes, en particulier lorsqu'il dort.

0+

l'habillage

Ainsi couvert, votre bébé
sera calme et dormira mieux.
Vous pouvez ajouter une paire de chaussettes
ou des chaussons chauds par-dessus son pyjama.
Même si vous avez chaud ou si vous êtes peu
frileux, pensez que le nouveau-né, en particulier
les premières semaines, doit s'habituer à
des températures parfois très fraîches après
neuf mois bien au chaud à 37 °C !

Le portage

Dès l'arrivée de votre bébé, vous devez apprendre à le tenir dans vos bras, à vous déplacer avec lui, à le recoucher dans son lit quand il dort contre vous. Ces gestes simples de la vie quotidienne ne sont pas toujours aisés les premiers temps. Avec un peu de pratique et quelques astuces à connaître, vous pourrez bientôt bercer bébé, le câliner, le promener en toute quiétude... Apprenez aussi à vous déplacer avec lui en gardant vos mains libres.

0+

le portage

19
choisir la bonne poussette

Une étude écossaise menée par le docteur Suzanne Zeedyk a mis en évidence de grandes différences de comportement et de réponse physiologique entre les bébés qui tournent le dos à leurs parents lorsqu'ils sont dans la poussette, et ceux qui les regardent. Ces derniers, rassurés, sont moins stressés, rient plus et s'endorment beaucoup plus facilement. Il est donc très important de choisir une poussette dans laquelle votre bébé vous voit.

20

l'écharpe de portage

Depuis plusieurs années, il existe
des porte-bébés dits physiologiques.
Ces portages assurent au bébé confort,
sécurité et apaisement. Correctement tenu par
le tissu, le bébé développe son sens de l'équilibre,
sa tonicité (même en dormant), sa souplesse
et sa sécurité affective. Ce système permet aussi
au porteur de ne pas souffrir de tensions
dans le dos et les épaules. Pendant que bébé
profite des bienfaits du portage, vous avez
les mains libres pour vaquer à vos occupations.
Toutefois, un bon conseil : participez à un atelier
afin de bien maîtriser les nœuds et les grands
principes du portage.

0+

le portage

Le principe du portage est simple : à l'aide d'un tissu spécial (en sergé croisé), le bébé est positionné « en grenouille » (pieds vers l'extérieur) et maintenu par un serrage efficace.

21

transformer un porte-bébé classique

Si vous avez opté pour un système classique de portage (porte-bébé non physiologique), vous constaterez rapidement que votre bébé n'est pas maintenu : ses jambes pendent. De plus, vous risquez d'avoir rapidement mal au dos et aux épaules, et vos mains ne seront pas vraiment libres car il est souvent nécessaire de tenir le bébé.

0+

le portage

Une astuce très simple peut vous aider : placez un tissu autour de vous et du bébé porté. Écartez-lui les jambes comme pour l'asseoir et serrez le tissu pour soutenir ses fesses, ses jambes et son dos. Ce portage va vous simplifier la vie !

22

porter bébé sans risque

Lorsque vous vous déplacez chez vous
avec bébé dans les bras, il est important
qu'il se sente en sécurité, dans une position
confortable respectant sa physiologie.
Ainsi installé, il ne risque rien,
ses membres ne peuvent pas
être en extension.

0+

le portage

Avec votre bras, dessinez comme une anse, le coude dirigé vers l'extérieur. Prenez bébé et placez-le dans ce petit creux, face au monde. Votre main enserre sa cuisse la plus proche de vous. Ses fesses se trouvent en contrebas, coincées dans l'anse formée par votre bras. Votre coude écarté maintient son côté.

Le bien-être et la toilette

Bébé vient d'arriver. Progressivement, vous allez le découvrir et prendre soin de son corps. Vous pourrez vous sentir malhabile les premiers jours, puis chacun de vos gestes deviendra de plus en plus sûr. Ces moments vont devenir des temps de plaisir et de partage.

0+

le bien-être et la toilette

23
le siège

Le méconium est un amas de cellules mortes entassées durant la grossesse dans le gros intestin de bébé. Après la naissance, le colon de bébé se met à fonctionner et commence donc par l'évacuer. Le méconium est remplacé en quelques jours par les selles couleur jaune d'or en relation avec l'alimentation du bébé. En attendant, cette substance noire est très collante, ce qui rend son nettoyage difficile. De l'eau, un savon très doux et du coton en viendront à bout. Utilisez le massage du pied (voir astuce n° 36) pour accélérer le début de son évacuation.
Ce massage doit être très doux.

24

le cordon

Le cordon ombilical relie le bébé au placenta de sa maman pendant sa vie *in utero*. À la naissance, le cordon est clampé et coupé, laissant un petit morceau indolore qui tombera au bout d'une semaine ou deux. Pendant cette période, cette zone demande des soins quotidiens, afin d'éviter tout risque d'infection. Soulevez légèrement le cordon qui se dessèche pour nettoyer le pourtour à l'aide d'une compresse. Repliez le haut de la couche pour que celle-ci ne frotte pas le cordon.

25

savonner bébé avec les mains

Pour laver bébé, utilisez vos mains.
Ce toucher est très bénéfique pour le bon
développement psychoaffectif et sensoriel
de votre bébé. Il poursuit le contact tactile
qu'il a toujours connu dans le ventre de sa maman.
Le gant, à moins d'être lavé en machine après
chaque utilisation, est plutôt un nid à microbes
et il ne permet pas le contact sensoriel.
L'utilisation du savon ou du liniment
(voir astuce n° 53) est à réserver aux zones sales :
siège, mains et visage. Le reste du corps
peut être tout simplement lavé à l'eau claire.

0+

le bien-être et la toilette

26

le bain sans risque

Le bain est facile à donner, malgré
l'inquiétude que cela peut engendrer
chez tous les jeunes parents.
Faites-vous confiance !
Testez la température de l'eau avec
votre coude avant d'y mettre bébé,
vous éviterez tout risque de brûlure.
Comme les bains ont tendance à assécher
la peau, alternez avec un massage.
Donner un bain tous les deux
ou trois jours est suffisant.

0+

le bien-être et la toilette

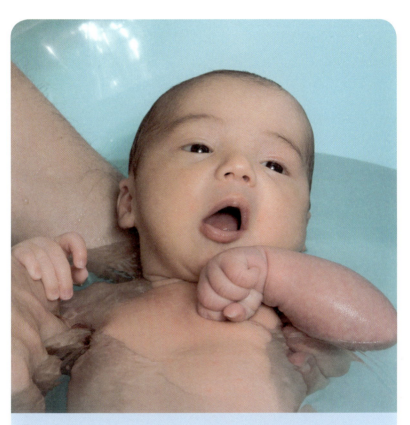

Pour un bain en toute sécurité, réalisez une prise circulaire au niveau de l'épaule du bébé, votre avant-bras soutenant les épaules. Cette prise sera très utile pour empêcher le bébé de glisser. Il est inutile de serrer fort.

27

le bain emmailloté

Si votre tout-petit n'apprécie pas beaucoup le bain, essayez l'emmaillotage. Contenu, protégé, il pourra pleinement profiter de ce moment de détente. Cette technique est particulièrement utile jusqu'à 3 mois.

0+

le bien-être et la toilette

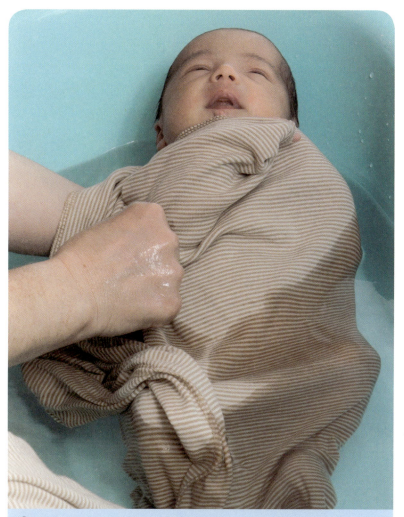

Enveloppez bébé dans une serviette légère puis plongez-le dans son bain. Au fur et à mesure qu'il se détend, retirez le drap de bain. Maintenez toujours la prise circulaire (voir astuce n°26). Laissez le drap de bain dans l'eau quand vous retirez votre bébé.

28

nettoyer son cou

Nettoyer le cou de bébé n'est pas toujours facile. En effet, les nombreux plis du cou et la posture de sa tête rendent l'accès à cette zone difficile. Pour éviter un geste un peu « forcé », placez une main au niveau de ses omoplates et soulevez-la légèrement. La tête reste sur la table à langer, et de l'autre main vous pouvez nettoyer le cou de votre bébé.

29

stop aux croûtes de lait !

Des « croûtes de lait » apparaissent parfois sous forme de plaques sur le cuir chevelu de bébé. Ce sont de simples amas de sébum, mais il faut veiller à ce qu'ils ne s'infectent pas. En lavant régulièrement le cuir chevelu et en le rinçant correctement, les croûtes de lait disparaîtront peu à peu. Vous pouvez aussi enduire le cuir chevelu de bébé avec une huile végétale de première pression à froid, et laisser les croûtes ramollir.

le bien-être et la toilette — 0+

30

ouvrir la main de bébé et la nettoyer

Laver la main de bébé n'est pas toujours facile car, jusqu'à 3 mois, ce dernier a tendance à tenir son poing fermé (réflexe involontaire dit de *grasping*).

0+

le bien-être et la toilette

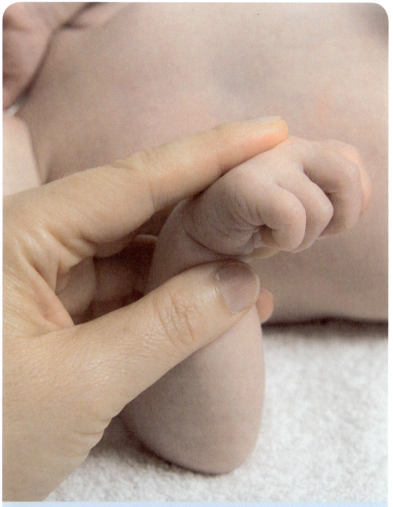

Si vous n'arrivez pas à ouvrir sa main, réalisez une prise circulaire au niveau du poignet avec votre pouce et votre majeur.
Placez votre index sur le dos de la main et imprimez un mouvement de flexion du poignet. Les doigts se détendent. Avec votre main libre, vous pouvez alors nettoyer la paume de bébé.

Le massage

Masser bébé est une extraordinaire aventure entre le parent et son bébé. Ce toucher bienveillant commence dès la salle de naissance de façon complètement intuitive. Rappelez-vous la façon dont vos mains ont progressivement entouré le dos de votre bébé puis tout son corps. Son premier massage ! Continuez à laisser parler vos mains. Le principal est de vous faire confiance. Il n'y a aucun danger.

31

les bonnes conditions

Une petite organisation matérielle très simple est nécessaire pour que le massage soit un moment agréable pour vous et votre bébé.

La pièce doit être bien chaude – environ 25 °C, surtout pour les tout-petits, qui se refroidissent très vite. La chaleur doit être douce et enveloppante, évitez d'utiliser un système de chauffage par soufflerie qui envoie de l'air chaud. Préférez aussi la lumière naturelle ou des lumières indirectes et tamisées.

Enfin, installez-vous confortablement pour ne pas avoir mal au dos au cours de la séance.

Pour les tout-petits, votre lit ou la table à langer sont les endroits les plus pratiques.

0+
le massage

32

choisir l'huile de massage

Pour masser votre tout-petit, choisissez un support graisseux afin de ne pas le blesser lors des massages glissés. En effet, la peau des bébés et très fine et ne possède pas de film lipidique (couche de gras). Les meilleurs produits pour la peau de votre bébé sont les huiles végétales de première pression à froid, extraites sans solvant et issues de l'agriculture biologique. Évitez les huiles de fruits à coque (noix, noisettes...) qui sont allergisantes.

0+

le massage

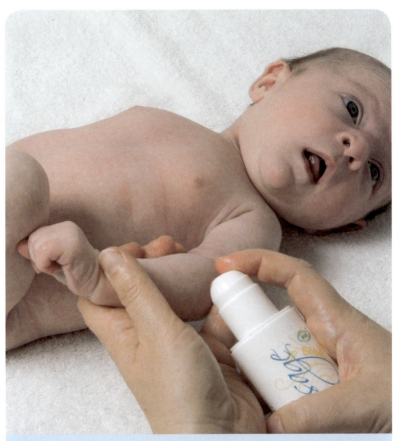

Mettez un peu d'huile dans le creux de vos mains et réchauffez-la quelques secondes. Lorsque vous reprenez de l'huile, essayez de maintenir le contact avec bébé.

33

le massage contenant

Ce massage se pratique sur le bébé tout nu ou habillé, selon la température, votre envie ou celle du bébé. Il consiste à déplacer vos mains sur le corps du bébé de façon symétrique. Il est réalisable sur un enfant agité, malade, ou ayant des problèmes de peau (eczéma). Ce massage, rapide à réaliser, est très calmant.

0+

le massage

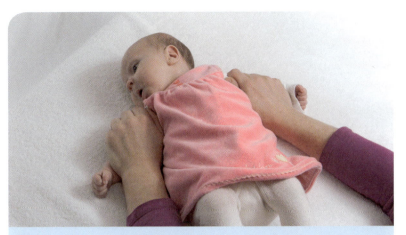

Placez vos mains sur les épaules du bébé, paume bien à plat. Réalisez une pression douce avec vos paumes comme si vous vouliez lui signifier votre présence.

Puis descendez vers les coudes, les avant-bras, les mains, en réalisant chaque fois une pression. Continuez à masser par pression délicate la poitrine et les jambes.

34

le massage glissé

Pour ce type de massage, votre main glisse sur le corps de bébé d'une zone vers une autre. En pratiquant le massage glissé, veillez à poser la paume de votre main sur le corps de bébé. C'est la partie basse de la paume qui masse (près du pouce). Le reste de la main est détendu. Les doigts suivent le mouvement et le poignet doit rester souple. N'exercez aucune pression, sauf celle qui est donnée par le poids de votre membre supérieur détendu. Pensez à couvrir avec une couverture douce les parties massées, qui on tendance à se refroidir.

le massage

Commencez par le massage du dos : c'est le plus simple à réaliser et il est souvent très apprécié par le bébé car il lui rappelle le massage utérin.

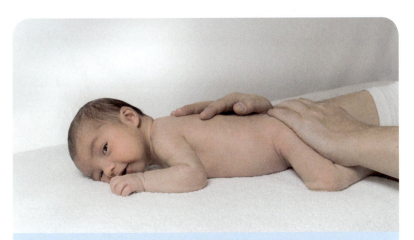

Lorsque vous massez une zone, prolongez vos gestes jusqu'aux extrémités pour les membres et jusqu'à la fesse pour le dos. Tous ces massages favorisent le calme, la détente, le bien-être, la communication.

35

le massage du ventre anti-coliques

Le système digestif d'un bébé n'est pas mature. Lors des trois premiers mois de vie, cette immaturité du colon peut entraîner des douleurs de ventre appelées (à tort) « coliques du nouveau-né ». Pour soulager le bébé pendant cette période, massez-lui régulièrement le ventre. Vous l'aiderez ainsi à évacuer ses gaz. Le massage se fait toujours en tournant dans le sens des aiguilles d'une montre. Vous pouvez masser avec la paume de votre main ou en utilisant les genoux de votre bébé.

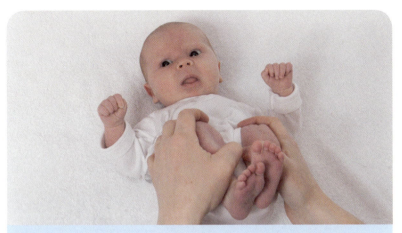

Fléchissez ses genoux sur son ventre, rassemblez les deux genoux pour qu'ils se touchent et réalisez des cercles sur le ventre.

Vous pouvez aussi positionner bébé le dos vers vous et ramener ses genoux vers son ventre tout en soulevant ses fesses. Cette position soulage beaucoup bébé et lui permet d'évacuer les gaz douloureux.

36

le massage du pied anti-coliques

Lorsque votre bébé a très mal au ventre, vous pouvez lui masser les pieds en suivant le protocole ci-contre. Sortez le pied droit du pyjama. Massez globalement son pied avec des massages « contenants » puis « glissés ».

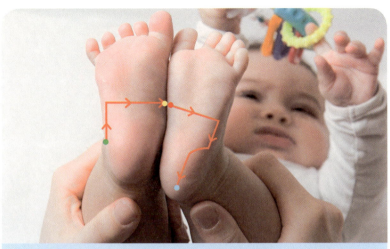

Commencez par le pied droit du bébé. Placez votre pouce légèrement fléchi sur le point vert. Suivez le tracé jusqu'au point jaune. Faites ce chemin trois fois de suite. Terminez par un petit massage contenant du pied avant de le remettre au chaud dans le pyjama. Faites de même avec le pied gauche du point rouge au point bleu.

Votre pouce doit être légèrement fléchi et votre toucher très doux, afin d'éviter une inflammation du gros côlon.

L'éveil
et la motricité

Saviez-vous que toutes les chaînes motrices permettant de se mouvoir, de marcher, de courir... sont fonctionnelles dès la naissance ? C'est surtout par manque de tonus musculaire que le bébé ne peut pas les utiliser. Pour les renforcer progressivement et enrichir sa motricité, faites avec bébé quelques exercices de « gymnastique » ! Et ne négligez ni son ouïe ni sa vue : bébé entend et observe. Tout l'intéresse et l'éveille !

37
choisir un mobile

Pour choisir un mobile, rappelez-vous que bébé distingue d'abord le noir et le blanc. Il est donc important que l'objet présente de forts contrastes de couleur. Ensuite, pensez au fait que bébé est à plat dos lorsqu'il est dans son lit. Imaginez donc ce qu'il voit de son mobile.

Les mobiles sont le plus souvent installés au-dessus du lit de bébé, mais il est intéressant d'en placer un au-dessus de la table à langer. En effet, la toilette n'est pas toujours très facile à réaliser et l'occuper avec un mobile pourra devenir très utile.

38

sa première séance de gym

Pendant ses temps d'éveil, il est important
de souvent placer bébé à plat ventre,
car le retournement actif stimule ses chaînes
motrices, ce qu'il apprécie beaucoup !
La position à plat ventre renforce toute
la chaîne musculaire du dos.

Lorsque bébé est à plat dos, réalisez une prise circulaire sur chacune des chevilles. Maintenez bien en extension une des jambes pendant que vous fléchissez l'autre en ramenant le genou au maximum sur le ventre. Pour augmenter la flexion, glissez vos doigts sur le dessus de la cuisse.
Ensuite, accompagnez le genou fléchi vers le sol en enjambant la jambe tendue.

Inversez la position de vos mains. Tendez sa jambe en allant légèrement en diagonale vers l'extérieur. Il est indispensable de conserver l'extension de l'autre jambe pendant tout le mouvement. Et voilà, bébé est à plat ventre !

39

passer du plat-ventre au plat-dos facilement

Si des signes de fatigue, d'agacement
ou d'endormissement apparaissent chez
votre bébé lorsqu'il est à plat ventre,
accompagnez-le pour revenir en position plat-dos.
Le retournement se fera facilement si
vous obtenez un grand enroulement
de son dos et de son bassin.

Réalisez une prise circulaire autour d'un poignet et ramenez la main de bébé le long du corps en glissant le long du tapis. De l'autre main, réalisez une prise circulaire de la cheville opposée. Accompagnez le genou vers le nombril. Le bassin s'enroule.

En continuant le mouvement, maintenez toujours le bras tendu du côté vers lequel bébé se retourne. Accompagnez le mouvement. Le voilà à plat dos. Vous pouvez limiter la vitesse d'arrivée en maintenant la flexion de genou jusqu'à la position finale. Cela évitera de le réveiller s'il dort ou de déclencher un sursaut spontané (réflexe de Moro) toujours désagréable pour lui.

40
la position magique

Cette position est dite « magique » car elle replace bébé en position fœtale. Ainsi enroulé et contenu, bébé est calme et serein. De plus, dans cette position – il se trouve à 20 cm de vos yeux – sa vision est nette. Vous pourrez ainsi favoriser de véritables moments de complicité et de partage.

0+

l'éveil et la motricité

Commencez par replier une jambe vers le téton opposée puis faites de même avec l'autre.
Placez vos doigts sur les jambes fléchies de bébé, paume sur ses fesses. Pivotez bébé sur le côté et placez votre autre main assez haut sous sa nuque. Votre avant-bras soutient son dos.

Bébé de 4 à 8 mois

L'alimentation

Bébé grandit. L'alimentation lactée (au sein ou au biberon) constitue toujours l'essentiel de ses repas. Progressivement, le lait va être complété par de petites quantités de légumes puis de fruits. Pour accompagner bébé dans ses toutes premières découvertes gustatives, n'hésitez pas à recourir à quelques astuces qui l'amuseront, le rassureront et vous simplifieront la vie.

41
le même plat plusieurs jours de suite

Si nous n'aimons pas toujours manger plusieurs jours de suite le même plat, il n'en va pas de même pour un bébé. En effet, son cerveau a besoin de temps pour reconnaître les différentes saveurs qu'il vient de découvrir. Manger pendant plusieurs jours de suite le même légume ou le même fruit lui apprendra la différenciation des goûts. Vous pouvez ainsi préparer son repas pour plusieurs jours. Pour une transition en douceur entre le lait sucré et les légumes, commencez par lui donner de la carotte ou des cœurs d'artichaut, naturellement sucrés. En revanche, si votre bébé n'apprécie pas un légume, inutile d'insister. Proposez-le-lui à nouveau quelques semaines plus tard.

4+

l'alimentation

42
des repas vite préparés

Les purées de légumes « maison » sont très appréciées des petits. Avec la reprise du travail, il n'est pas toujours facile de s'organiser. Pour vous faciliter la tâche, préparez une plus grande quantité de purée et congelez le surplus. Pour une utilisation ultrasimple, faites de petits sacs contenant chacun l'équivalent d'un petit pot (environ cinq-six cuillères à soupe).

4+

l'alimentation

43

un repas sur les genoux de maman

Les chaises hautes inclinables sont
certes très pratiques, mais elles ont tendance
à mettre « à table » très tôt les tout-petits.
Le plus longtemps possible, donnez à manger
à votre enfant sur vos genoux. Il se sentira
rassuré, contenu et pourra expérimenter
les différents aliments.
Vous sentirez ainsi des réactions imperceptibles
à l'œil et pourrez l'accompagner verbalement
dans ses découvertes alimentaires.

44

une vraie carotte… pour patienter

À partir de 6-7 mois, l'enfant commence à découvrir de nouveaux goûts à travers les purées, mais rien ne vous empêche de lui montrer, par exemple, à quoi ressemble une vraie carotte – entière ! Choisissez-la issue de l'agriculture biologique, épluchez-la et rincez-la à l'eau claire avant de la tendre à votre bébé, mais seulement pour quelques minutes. Ce sera un support idéal pour masser ses gencives… et patienter le temps que sa purée soit prête. Ayez toujours un œil sur votre enfant lorsqu'il mange pour éviter tout risque d'étouffement.

4+

l'alimentation

45

des bavoirs toujours propres

Les premiers repas des tout-petits sont souvent très dynamiques ! Le bébé goûte, recrache, régurgite... et ses bodys et bavoirs sont très vite tachés. Certaines taches ne s'en vont pas au lavage. Dans ce cas, faites tremper quelques heures le vêtement dans un mélange d'eau et de lessive, puis ajoutez un paquet de levure chimique. Laissez agir et rincez correctement. Le tour est joué !

46
fini les odeurs aigrelettes !

Certains bébés renvoient du lait quelques heures après le repas et l'odeur qui s'en dégage est parfois désagréable. Si cela vous dérange, vous aurez tendance à changer fréquemment les vêtements de votre petit. Afin d'éviter ce désagrément, vous pouvez réaliser un mélange à base d'eau et de bicarbonate de soude (une cuillère à café de bicarbonate pour un verre d'eau). Tamponnez la zone salie à l'aide d'un petit chiffon imprégné de ce mélange, et l'odeur aigrelette disparaîtra comme par enchantement. Plus besoin de changer bébé !

4+

l'alimentation

Le sommeil

Bébé commence à adopter votre rythme : ses phases de sommeil sont plus longues la nuit que la journée. Les périodes de sommeil agité disparaissent aussi au profit d'un sommeil plus stable et plus profond. Ses besoins en sommeil sont maintenant un peu moindres, mais de longues siestes le matin et l'après-midi lui sont encore nécessaires.

47

la sieste réparatrice

Les bébés d'aujourd'hui sont plus stimulés que ceux d'autrefois, ce qui entraîne parfois une hyperactivité. Certains d'entre eux en perdent même l'envie de faire la sieste... Pourtant, le sommeil est indispensable. Il permet au tout-petit d'organiser et de structurer son cerveau. C'est un peu comme si, grâce au sommeil, il pouvait classer les informations accumulées dans la journée. La sieste est donc fondamentale. Éviter toute stimulation visuelle ou auditive aidera l'enfant à s'apaiser. Le massage global (voir astuce n° 33), même de courte durée, sera un très bon moyen pour accompagner votre bébé vers une sieste réparatrice.

4+

le sommeil

48

un bain relaxant avant la nuit

À la tombée de la nuit, les bébés sont souvent agités. Donner un bain le soir permet au bébé de se détendre grâce à la chaleur de l'eau. Chacun sait que l'eau chaude a des propriétés relaxantes. Elle aide aussi le bébé à développer une motricité plus fluide car il se dépense davantage dans son bain… Ainsi relaxé, le bébé s'endormira plus vite. Respectez une température de 37 °C – une température plus élevée augmenterait trop la circulation sanguine et risquerait de le fatiguer.

49

les rituels du soir

Plonger dans le sommeil n'est pas toujours rassurant pour un bébé. Mettre en place des rituels l'aide à anticiper ce moment. Ainsi prévenu, il s'y prépare en compagnie de ceux qu'il aime. Lorsqu'il est rassuré, sa tonicité musculaire et sa vigilance diminuent peu à peu. Quand le rituel – histoire, câlin ou comptine – est terminé, vous pouvez le laisser s'endormir tranquillement. N'hésitez pas à répéter chaque jour la même histoire ou la même chanson. Ce qui vous semble répétitif est au contraire très apaisant et structurant pour un petit de moins de 18 mois.

50

bien choisir sa veilleuse

Pour améliorer le sommeil de votre bébé, vous pouvez placer une lampe en cristal de sel dans sa chambre. Cette lampe fonctionne un peu comme une veilleuse. Sa couleur jaune orangé diffuse une lumière très douce, propice à une atmosphère chaleureuse et apaisante. Pour obtenir une faible lumière, choisissez une tonalité assez foncée. De plus, la composition iodée et saline de la lampe purifiera et assainira l'air de la chambre de bébé.
Pensez à utiliser uniquement une ampoule spécial four pour éviter que la lampe ne chauffe.

4+

le sommeil

51

respecter ses rythmes

Le corps humain fonctionne selon des rythmes internes. Les premiers à s'installer sont les rythmes circadiens (jour/nuit). Pour favoriser la mise en place d'un rythme interne efficace, respectez une très grande régularité dans les horaires. Si l'heure du coucher est très sensiblement la même d'un jour à l'autre, l'horloge interne du bébé va se régler plus facilement. Il saura même se préparer seul à ce moment.

4+

le sommeil

Le bien-être et la toilette

Votre bébé grandit, vous êtes de plus en plus à l'aise pour prendre soin de lui. Le laver, le changer sont même des moments agréables d'échanges et de complicité entre vous et lui. Mais des petits imprévus – bobos, fièvres, rougeurs – viennent parfois entraver le bon déroulement des choses. Pas de panique, il y a toujours une solution !

52

prendre soin de sa peau

La peau du bébé est fragile. Après le bain, qui a tendance à beaucoup l'assécher, pensez à l'hydrater à l'aide d'une huile. Utilisez de préférence une huile végétale de première pression à froid et bio si possible.
Ce moment n'est pas toujours bien apprécié des plus petits. Dans ce cas, versez quelques gouttes d'huile dans l'eau du bain. Ainsi, le corps du bébé sera recouvert d'une fine pellicule hydratante. Attention lorsque vous sortirez du bain votre bébé car il sera plus glissant que d'ordinaire. En vidant l'eau du bain, passez une éponge pour retirer l'huile sur les bords de la baignoire.

4+

le bien-être et la toilette

53

fabriquer son liniment

Le liniment oléo-calcaire est un produit nettoyant et hydratant très efficace pour apaiser les fesses irritées de bébé. Il est constitué pour moitié d'eau de chaux et pour moitié d'huile d'olive. Très économique, vous pouvez le demander à votre pharmacien ou le faire vous-même en utilisant une huile vierge biologique.
À chaque change, nettoyez votre bébé avec le liniment. Ne rincez pas. Ainsi, une fine couche de gras protège les fesses de bébé d'éventuelles rougeurs. Le pH du liniment étant de 8,4, utilisez-le seulement pour le siège, et non pour le reste du corps.

54

faciliter la prise de température

Le thermomètre rectal n'est pas toujours agréable pour le bébé. Afin d'éviter de le blesser ou de le faire pleurer, il suffit d'enduire le bout de votre thermomètre avec un peu d'huile végétale (l'huile d'olive ou de tournesol de votre cuisine fera l'affaire !). Ainsi huilé, il pénètre sans frottement, ne causant au bébé aucune sensation désagréable. Vous pouvez faire de même avec les suppositoires.

4+

le bien-être et la toilette

55

des chaussettes pour faire baisser la fièvre

Habituellement, lorsque bébé a de la fièvre, vous le découvrez ou vous lui donnez un bain tiède. Une autre méthode très astucieuse afin de diminuer sa température consiste à lui enfiler des chaussettes chaudes en laine. En effet, lorsque la fièvre commence à monter, les pieds de bébé sont encore assez froids. Quand elle atteint son maximum, ses pieds se réchauffent. Ainsi, si vous lui mettez des chaussettes chaudes, les pieds de votre bébé se réchaufferont et la fièvre aura tendance à se stabiliser. Continuez en parallèle à lui donner le traitement prescrit par votre pédiatre.

4+

le bien-être et la toilette

56

astuce pour nettoyer son nez

Votre bébé est plein de vigueur, et certains gestes de la toilette quotidienne, comme le nettoyage des narines, deviennent plus laborieux. Pour laver correctement son nez et éviter de le blesser, il faut pouvoir maintenir bébé avec une prise efficace : le temps de nettoyage sera plus rapide, et tout le monde y trouvera son compte car ce moment n'est agréable ni pour lui ni pour vous !

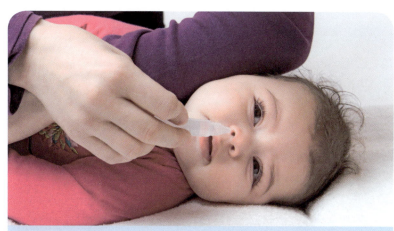

Positionnez bébé sur l'un de ses flancs. Placez votre ventre contre son dos. Saisissez ses deux mains, maintenez ses bras à l'aide de votre avant-bras et sa tête avec votre coude. Il ne faut pas appuyer fort. Avec votre autre main, vous pouvez procéder au nettoyage du nez. Tournez ensuite bébé de l'autre côté et faites le même mouvement. Le tour est joué, son nez est propre !

4+

le bien-être et la toilette

Le massage

Maintenant, vous connaissez bien votre bébé et vous savez décrypter ses réactions. Pour soulager certains petits maux (douleurs dentaires, rhume…), vous allez pouvoir masser certains points de façon spécifique, en soin préventif ou curatif. En effet, en réflexologie, un toucher spécifique appliqué sur certaines zones (pied, main, oreille) permet de localiser les tensions et de rétablir l'équilibre du corps.

57

masser votre bébé en position assise

À cet âge, les enfants qui savent s'asseoir aiment être massés dans cette position. Même si cela vous semble étrange, ils profitent pleinement de ce moment. Leur priorité est de découvrir le monde, il vous faut donc vous adapter. Cette position demande quelques aménagements. Placez des coussins derrière votre enfant pour le protéger en cas de chute arrière. Lorsque vous massez ses jambes, veillez à ne pas le déséquilibrer. Laissez-le jouer avec des objets qu'il peut saisir d'une main pendant que vous massez l'autre.

4+

le massage

58

massage relaxant du pied

Votre bébé commence à découvrir le monde. Tout l'intéresse, mais parfois ces nombreuses stimulations l'empêchent de s'endormir paisiblement lors des siestes ou pour la nuit. Le massage spécifique de certaines zones du pied va le détendre et lui permettre de glisser plus tranquillement dans le sommeil. Ce massage ne dure que quelques minutes.

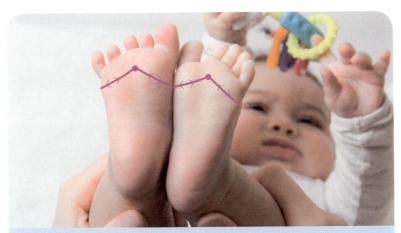

Commencez par découvrir son pied droit et massez-le globalement quelques instants. Avec votre pouce, suivez la ligne qui forme un V sous son pied.
Repassez trois fois de suite sur cette ligne, puis arrêtez-vous sur la pointe du V et tournez votre pouce en rond sur ce point. Massez globalement le pied, puis recouvrez-le pour qu'il reste au chaud. Réalisez le même massage avec le pied gauche.

4+

le massage

59
massage pour diminuer les douleurs dentaires

Pour la grande majorité des bébés, la sortie des dents de lait rime avec douleurs, pleurs et tensions diverses !... Vous pouvez aider votre bébé à passer ce cap en faisant appel à la réflexologie. Il vous suffit pour cela de masser de façon spécifique certaines zones de ses mains. Vous pouvez aussi réaliser ce même massage sur les pieds.

Pour commencer, massez globalement la main de votre bébé. Pliez la phalange de votre pouce. Longez maintenant la base d'un de ses ongles avec votre pouce légèrement incliné (au niveau de la cuticule). Massez ainsi chaque doigt. Finissez par un massage global de la main. Passez à l'autre main et faites de même.
Vous pouvez réaliser ce massage en prévention, une fois par semaine dès le 3e mois.

4+

le massage

60
massage lors des poussées dentaires

Vous saurez repérer rapidement une poussée dentaire car le bébé bave généralement beaucoup lorsque ses dents sortent.
Pour diminuer ses douleurs, vous pouvez réaliser un massage de la mâchoire.
En réalisant ce massage, vous stimulez un point permettant de saturer les récepteurs douloureux, ce qui entraîne une diminution de la douleur. Votre bébé aura moins mal et se sentira apaisé.

Bébé est à plat dos face à vous : placez vos index sur l'articulation de la machoire. Réalisez des petits cercles en descendant vers le menton.

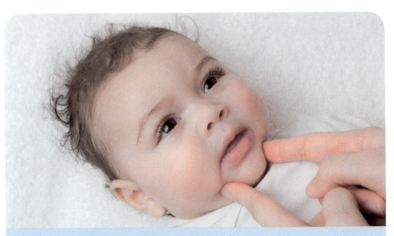

Continuez à descendre jusqu'au menton. Vous pouvez recommencer ce mouvement trois fois.

4+

le massage

61

massage pour stimuler les défenses immunitaires

Lors de la période hivernale, des contaminations en tout genre sévissent : rhume, rhinite, otite... Votre enfant apprend à s'immuniser ! Pour l'aider, proposez-lui un massage très simple et très efficace qui va stimuler trois méridiens d'acupuncture et renforcer ainsi ses défenses immunitaires. À raison d'un massage matin et soir (environ deux minutes), votre bambin sera plus résistant aux microbes.

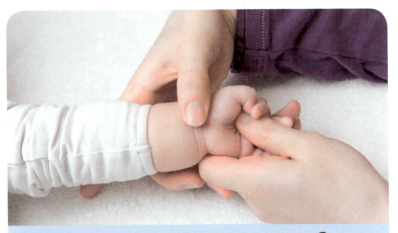

Placez votre pouce sur les plis du poignet de votre bébé. Frottez en effectuant un aller-retour sur les lignes du poignet. Le massage est assez rapide. Réalisez ce massage sur les deux poignets.

4+ le massage

Ensuite, placez vos index derrière chaque oreille et massez le long de l'insertion de l'oreille, en montant et en redescendant. Réalisez ces deux massages entre le début de l'automne et l'arrivée du printemps.

62

massage en cas de rhume

Lorsque votre bébé est enrhumé, son sommeil est agité, il mange moins bien et devient grognon. Il faut l'aider à mieux respirer en libérant ses voies aériennes. En plus des traitements habituels et du lavage soigneux du nez, vous pouvez réaliser un massage des pieds qui aidera son organisme à drainer les mucosités. Massez bien les deux pieds, sans toutefois appuyer trop fort. Vous pouvez aussi utiliser ces massages de façon préventive une fois par semaine.

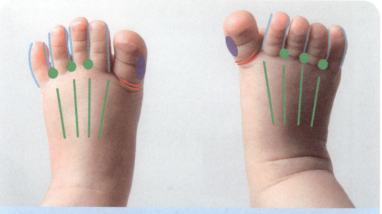

Commencez par masser le pied droit. Massez en tournant les 3 points à l'intersection des orteils (ici en vert). Ensuite remontez le long des lignes (vertes). Passez sur le point correspondant au nez (en violet). Si l'enfant est calme, continuez en massant de chaque côté des orteils comme indiqué sur le schéma (en bleu). Terminez le pied droit puis faites de même à gauche. Il est très important de masser les deux pieds.

■ sinus   ■ sphère orl   ■ nez   ■ gorge

4+

le massage

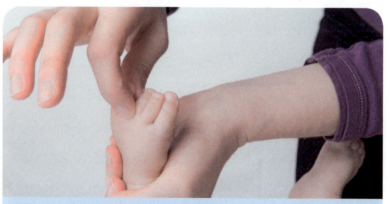

Pensez à bien fléchir le doigt qui masse les points. Vous réalisez ainsi une légère pression au bon endroit. Gardez un geste léger et peu appuyé.

L'éveil et la motricité

Votre bébé est de plus en plus attentif au monde extérieur. Tout l'intéresse, il touche, attrape, observe et jette ce qui l'entoure. Au fur et à mesure qu'il grandit, sa motricité se développe et la précision de ses gestes s'élabore. C'est une période riche en surprises. Chaque jour, votre bébé vous fait part de ses progrès ; à vous de lui proposer des activités adaptées à son évolution en veillant à trouver un équilibre dans ces stimulations.

63

des jeux à plat ventre

À 4 mois, votre bébé commence à se retourner de plat ventre à plat dos, puis inversement. Il est indispensable pour lui d'acquérir ces deux postures avant de lui en proposer d'autres. C'est le passage en position ventrale qui enrichit sa motricité : il va pouvoir ramper, puis progresser vers la position assise, se déplacer et finalement se mettre debout.

Encouragez-le à se mettre à plat ventre en lui proposant régulièrement de se retourner. Puis installez-vous en face de lui à hauteur de vue et proposez-lui des jeux pour le maintenir un certain temps dans cette position. Il renforce ainsi ses muscles et apprécie de plus en plus ces temps d'éveil.

4+

l'éveil et la motricité

64

baby yoga

Il existe un lien très important entre
le positionnement du corps et l'état émotionnel.
En effet, si votre bébé est en colère ou énervé,
il aura plutôt tendance à avoir la colonne
et le bas du dos en extension.
Au contraire, quand bébé est calme, son dos
est plus enroulé et son bassin aussi. Il est donc
indispensable de l'aider à garder une certaine
souplesse dans le bas du dos, dans une position
appelée « rétroversion du bassin ».
Pour garder cette souplesse, rien de plus simple.
Jouez avec lui à plat dos.

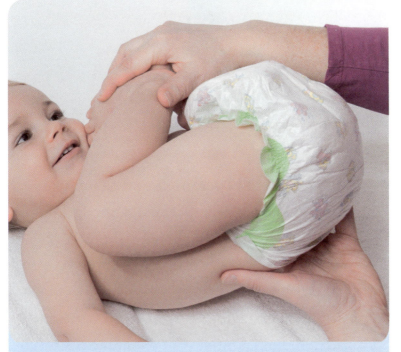

4+

l'éveil et la motricité

Prenez ses pieds et, tout en jouant ou en racontant une histoire, amenez son pied vers son oreille, sa bouche ou la joue opposée. Ne forcez pas. Si ce mouvement est répété régulièrement, les bébés un peu « raides » s'assouplissent.

65
les dangers du youpala

À première vue, le youpala est bien pratique. Il vous permet d'avoir un peu de temps pour vaquer à vos occupations sans que bébé ait besoin d'une surveillance rapprochée. Sachez néanmoins que le youpala présente des inconvénients majeurs. Le bébé s'y déplace en donnant des coups de rein et en poussant sur ses deux jambes. Cet enchaînement moteur qu'il réalise va à l'encontre de la marche, qui est une série de pas alternant avec une attaque du pied par le talon.

De plus, les bébés utilisant régulièrement le youpala construisent leur schéma corporel en ayant l'idée d'une sorte de bouée de protection autour d'eux. Ils mettront un certain temps à intégrer l'absence de cette protection. Durant cette phase d'adaptation, ils peuvent se mettre en danger, ils se cognent et risquent des chutes graves, dans l'escalier par exemple. Évitez autant que possible de laisser votre enfant dans le youpala, sauf si vous avez vraiment besoin de quelques minutes de tranquillité.

66
debout... mais pas trop tôt !

Certains bébés sont très toniques. Très jeunes, ils poussent sur leurs jambes pour se mettre debout. Il est bien sûr tentant de répondre à leur demande... Pourtant, les premiers mois de la vie, l'articulation de la hanche de bébé n'est pas bien formée. Pour favoriser un développement harmonieux de cette articulation, il vaut mieux éviter de mettre bébé en position debout jusqu'à ses 8 mois. Passé cet âge, le col fémoral sera formé, permettant une meilleure répartition des lignes de forces. L'articulation sera ainsi prête à recevoir le poids de la station debout.

67

fabriquer une boîte à sons

Écouter des sons différents est une expérience sensorielle très importante pour le tout-petit. Fabriquer vos propres boîtes à sons vous permettra d'offrir à votre enfant une véritable petite bibliothèque musicale.
Prenez des rouleaux de papier toilette, remplissez chaque rouleau avec des haricots secs, de la semoule, des grelots, une petite balle en mousse, des noyaux d'abricot. Fermez-les solidement avec plusieurs épaisseurs de scotch d'emballage. Cette variété de sons (mats, aigus, graves, sourds, etc.) affinera sa perception auditive.

4+

l'éveil et la motricité

68
fabriquer son tapis d'éveil

Si les tapis d'éveil que l'on trouve dans le commerce – souvent chers et pas toujours très originaux – ne vous séduisent pas, fabriquez le vôtre ! Utilisez différents tissus (doux, poilus, crissants), attachez solidement des grelots, des images plastifiées, des anneaux de dentition à mordiller, etc. Veillez à ce que tout tienne solidement et choisissez plutôt des matériaux naturels non traités.

69

l'album de famille

Le tout-petit reconnaît très bien les membres de sa famille. Pour l'aider à nommer l'un ou l'autre, confectionnez-lui un petit album personnalisé. Choisissez une photo de chacun, plastifiez-la et attachez ensemble toutes ces pages. Vous pouvez y ajouter à votre gré la nounou, des amis très proches, mais aussi le chat ou la maison de vacances. Regardez l'album avec lui régulièrement et nommez ce que vous voyez. C'est une façon très simple de l'aider à mémoriser les noms des gens ou des choses qui l'entourent et qu'il aime.

4+

l'éveil et la motricité

Bébé de 9 à 24 mois

L'alimentation

Bébé poursuit ses découvertes alimentaires. Ses parents le nourrissent toujours, mais il gagne beaucoup en autonomie. Il apprendra bientôt à manier des ustensiles comme la cuillère, la fourchette et enfin le couteau. Avant d'en arriver là, le tout-petit va passer par une série d'expériences qui ne réjouissent pas tous les parents !... Cette étape est pourtant incontournable.

70
des mains propres pour manger

Lorsque votre enfant sait se tenir debout tout seul, apprenez-lui à se laver les mains avant et après les repas. Montrez-lui comment mettre du savon, frotter les paumes de ses mains, laver l'espace entre les doigts et remonter jusqu'aux extrémités, frotter le dos de sa main. Ces gestes sont simples mais importants à connaître. Ils font partie de l'hygiène générale et contribuent à diminuer les facteurs infectieux entraînant rhume, bronchite... Au début, c'est vous qui lui laverez les mains. Puis, rapidement, laissez-le faire. Vous pouvez vous laver les mains en même temps que lui ; par mimétisme, il reproduira les bons gestes.

9+

l'alimentation

71

un repas bien organisé

Malgré le désordre et les salissures
que génèrent les premiers repas, ils doivent rester
des moments de plaisir pour vous et votre petit.
Pour cela, mieux vaut vous organiser.
Tout d'abord, un grand bavoir plastifié est
très utile. Pensez aussi à remonter les manches
de votre tout-petit et faites-les tenir à l'aide
d'un chouchou. Pour éviter d'avoir à laver
les recoins de la tablette de sa chaise haute,
recouvrez-la, avant le repas, d'un film plastique
étirable. Vous n'aurez plus ensuite qu'à le retirer
et à le jeter. Enfin, prévoyez deux cuillères :
la première sera pour votre bébé et lui permettra
d'apprendre à porter les aliments à la bouche,
vous utiliserez la seconde pour le nourrir.

9+

l'alimentation

72

apprendre à mastiquer

L'enfant mastique déjà beaucoup d'objets depuis qu'il sait les saisir. Mais la mastication des petits morceaux d'aliments arrive bien plus tard. Commencez par lui donner des boudoirs ou des biscuits spécial bébé. Progressivement, il va découvrir la mastication de la nourriture. Il est nécessaire qu'il s'habitue assez tôt à ce mécanisme. Restez cependant toujours vigilant et près de lui. Vers 18 mois, de nouvelles possibilités de mastication apparaissent avec l'arrivée des canines.

73
découvrir les aliments avec ses mains

Pour acquérir de nouvelles compétences, l'enfant a besoin d'enrichir ses connaissances grâce à l'expérience sensorielle. La mise à la bouche des objets qui l'entourent lui permet d'appréhender leurs formes, leurs textures et diverses autres sensations. Il en va de même pour l'apprentissage des aliments. Mais manger avec les doigts ne signifie pas pour autant jouer avec les aliments. Apprenez-lui très tôt à ne pas lancer ou renverser par terre sa nourriture. Proposez-lui parallèlement la cuillère.

9+

l'alimentation

74

préparer son autonomie pendant les repas

En dehors des repas, proposez à votre tout-petit des activités de découverte à base de sable, de pâte à sel, de pâte à modeler (non toxique). Laissez-le patouiller, malaxer, parfois même porter à ses lèvres pour sentir le goût (toujours sous votre surveillance). C'est un excellent moyen d'assouvir ses envies de découvertes tactiles, et cela facilitera son autonomie au moment des repas. Il aura d'autres sources d'expérimentation que sa purée ou ses haricots.

9+

l'alimentation

75

réduire les risques d'allergies alimentaires

De plus en plus d'enfants développent des allergies qui, pour la plupart, disparaissent vers 3-4 ans. Néanmoins, il est utile de connaître les aliments à « hauts risques » afin de retarder d'un an au moins leur introduction.

Le blanc d'œuf ne doit pas être introduit avant 10 mois, préférez la crème de riz, de quinoa ou de tapioca pour épaissir les biberons. Enfin, méfiez-vous du gluten (présent dans plusieurs céréales, notamment dans le blé), particulièrement allergisant.

Le sommeil

À partir de 1 an environ, les besoins en sommeil diminuent un peu, mais les siestes restent nécessaires au bon équilibre de l'enfant. Pendant cette période, certains événements peuvent perturber son sommeil : douleurs dentaires, cauchemars, terreurs nocturnes, séparation, apprentissage de la collectivité, voyages... Adoptez – pour longtemps – quelques bons réflexes qui faciliteront la détente et l'endormissement de votre enfant.

76

l'histoire du soir

Avant la séparation de la nuit, le moment partagé de l'histoire est un petit rituel qui apaisera votre enfant et lui permettra d'accepter en douceur de s'endormir seul. Il n'est pas bon de souhaiter bonne nuit à l'enfant après son dîner et de le poser directement dans son lit en refermant la porte derrière soi ! Prenez quelques minutes pour lui lire une histoire, même très courte, ou inventez votre propre histoire, avec un petit héros dont les aventures évolueront au fil du temps. Pensez à les mettre par écrit car l'enfant adore entendre plusieurs fois de suite la même histoire.

77

un lit seulement pour dormir

En général, le lit d'un enfant devient rapidement une véritable aire de jeux. Entouré de multiples trésors – livres en tissu, mobile, jouets divers –, l'enfant est sollicité et en profite pour jouer sans déranger les grands.
Si ces moments de jeux en solo présentent un énorme avantage le matin car ils vous font gagner quelques minutes de sommeil, ils nuisent à l'endormissement. Il est important que l'enfant apprenne à s'endormir sans tomber d'épuisement au milieu d'une foule d'objets. Réservez un panier pour ses jeux et proposez-les-lui lors des périodes d'éveil.

9+

le sommeil

78

des doudous de secours

C'est entre 1 et 2 ans que l'enfant choisit son doudou... et sa perte entraîne souvent des crises de larmes et un sommeil très agité. Pour éviter des moments pénibles pour votre tout-petit comme pour vous, pensez à en acheter ou à en fabriquer un ou deux autres, lorsque cela est possible. Donnez à votre enfant le deuxième doudou quelques jours avant de laver celui qui est sale, car il a besoin de retrouver son odeur pour mieux s'endormir.

9+

le sommeil

79

en voyage

La plupart des enfants ont besoin de repères de temps et de lieu. Le changement de maison, en particulier pendant les vacances, peut entraîner des perturbations dans leur sommeil. Pour faire face à cette difficulté d'adaptation, autorisez, la première nuit, votre enfant à dormir dans votre chambre. Ainsi rassuré, il pourra s'adapter à ce nouveau lieu avant de regagner la chambre qui lui est attribuée. En plus du doudou, pensez aussi à lui apporter un drap qu'il connaît bien, une petite peluche « compagne » ou sa peau de mouton s'il en a une.

80
un disque personnalisé

Autour de 10-12 mois, les temps de séparation sont parfois très difficiles à vivre pour le petit enfant. Pensez à enregistrer sur votre ordinateur quelques comptines que vous avez l'habitude de chanter avec votre enfant et gravez le disque. Les soirs où il sera gardé par une baby-sitter, il sera content, avant de s'endormir, de retrouver ces airs familiers.

9+

le sommeil

Le bien-être et la toilette

Jusqu'à présent, c'est vous qui faisiez tous les gestes nécessaires à l'hygiène et au bien-être de votre enfant. Désormais, il va de plus en plus chercher à faire « par lui-même ». Ce besoin d'autonomie ne rime pas forcément avec savoir faire, et c'est à vous de lui apprendre les bons gestes. « Aide-moi à faire seul », a écrit la célèbre pédagogue Maria Montessori. Ne perdez pas de vue cet enjeu, armez-vous de patience... et déployez des trésors d'imagination.

81

contre la constipation

En grandissant, votre enfant va commencer à acquérir la propreté. Des problèmes de constipation peuvent parfois apparaître lorsqu'il utilise les toilettes des grands. En effet, ses pieds ne reposent plus au sol, il n'a donc plus de point d'appui pour pousser. Pensez à lui installer un petit tabouret ou une marche pour que ses pieds reposent bien dessus. Ce tabouret doit être assez surélevé pour que le dos et le bassin de l'enfant s'arrondissent. En effet, cette position crée une ouverture automatique des sphincters aidant l'enfant à évacuer ses selles.

82
lui apprendre à s'essuyer

L'apprentissage de l'hygiène aux toilettes est délicat et difficile. Et, par commodité, nous avons tendance à essuyer nous-mêmes les petites fesses de notre enfant. Néanmoins, à l'école maternelle, l'enfant devra se débrouiller seul, montrez-lui donc comment faire dès à présent. Chaque fois que votre enfant va sur le pot, tendez-lui un morceau de papier toilette. Accompagnez sa main les premières fois, mais laissez-le faire. Ainsi, vous lui montrerez comment, pour un pipi, on s'essuie en allant vers l'avant.

Pour les selles, c'est plus complexe. L'essuyage se fait assis, pour que les muscles fessiers soient détendus, et de l'avant vers l'arrière pour ne pas souiller les parties génitales. Ce geste est plus difficile à réaliser pour les enfants. Accompagnez sa main puis laissez-le faire. Les premiers temps, terminez par une lingette humide. Pensez à lui apprendre à se laver les mains au savon en sortant des toilettes.

83
lui apprendre à se moucher seul

Ce geste, très simple pour nous, n'est pas si facile à apprendre aux petits. Chaque jour, lorsque vous nettoyez le nez de votre enfant, profitez de ce moment pour lui apprendre à se moucher.

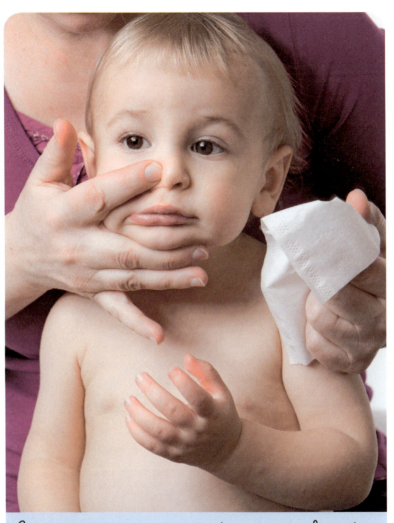

Asseyez votre enfant sur vos genoux, dos contre vous. Laissez-le inspirer, puis, lorsqu'il commence à souffler, placez votre doigt sous son menton pour lui fermer la bouche. Avec l'index, bouchez une narine. L'air va sortir par une seule narine, et avec lui les sécrétions. Pensez à tenir un mouchoir dans votre main libre. Répétez l'opération de l'autre côté.

9+

le bien-être et la toilette

84

un sablier pour se laver les dents

Les premières dents sont sorties ! Ce sont des dents de lait qui laisseront la place à des dents définitives. Sachant que l'hygiène de ces dents détermine celle des suivantes, il est essentiel d'apprendre très tôt à l'enfant à se brosser les dents après chaque repas. Les premiers temps, vous ferez le brossage, mais dès que sa coordination main-bouche sera opérationnelle, votre enfant voudra essayer. Brossez-vous les dents en même temps que lui ; l'imitation marche très bien chez les jeunes enfants. Utilisez un sablier pour que l'enfant découvre le temps de brossage tout en jouant. Cette astuce fonctionne très longtemps.

9+

le bien-être et la toilette

85

bien entendre pour bien parler

Le tout-petit commence à babiller, puis il prononce quelques mots. Au cours de cette période d'apprentissage, il est fondamental que l'enfant entende bien. Durant cette même phase, les enfants ont souvent des otites séreuses, dues à un excès de sécrétion : le liquide stagne derrière le tympan qui vibre moins bien. Ces otites étant indolores, ni pleurs ni fièvre ne vont vous alerter.
Il est cependant indispensable de les dépister rapidement afin d'éviter tout retard de langage. Faites vérifier régulièrement les oreilles de votre enfant par un médecin. Apprenez aussi à repérer certains signes : lorsqu'il met souvent son doigt dans son oreille, ou si vous devez lui répéter fréquemment les consignes…
N'oubliez pas les lavages de nez, qui participent aussi à un bon drainage.

Le massage

Entre 1 et 3 ans environ, l'enfant semble moins intéressé par le massage. Proposez-lui quand même régulièrement. En grandissant, c'est lui qui vous le réclamera de nouveau. Avec la parole ou avec les mains, l'enfant va commencer à vous indiquer ses massages préférés. C'est le début de la période d'autonomie. Vous pouvez donc l'inciter à pratiquer des automassages en lui mettant un peu d'huile au creux de sa main.

86
massage pour éliminer les tensions

Le massage des mollets
est particulièrement intéressant. En effet,
c'est dans les muscles des mollets que
s'accumulent les toxines, les déchets
que le corps n'a pas réussi à éliminer.
Placez votre enfant à plat ventre.
Veillez à ce que son dos soit bien au chaud
sous une couverture.

Malaxez son mollet avec votre paume comme si vous vouliez ramollir de la pâte à modeler. Déplacez-vous du tendon d'Achille jusqu'au genou. Faites ensuite des mouvements de rotation avec vos pouces en remontant sur tout le mollet.

Vous pouvez aussi placer vos pouces ou vos paumes au milieu du mollet et les écarter vers l'extérieur. Après ce massage, il est important de faire boire de l'eau à votre enfant pour drainer les toxines.

9+

le massage

87

massage pour apaiser les enfants agités

Lorsque votre enfant est très agité, installez-le à plat ventre. Massez globalement son dos quelques minutes puis effectuez le massage du sacrum ci-contre. Rapidement, vous sentirez votre enfant s'apaiser. Terminez par un massage sur tout le dos. Vous pouvez continuer de masser d'autres parties ou vous arrêter.

Pour délimiter le sacrum, posez vos pouces sur la colonne, glissez jusqu'aux fossettes latérales puis redescendez en oblique jusqu'au sommet de la raie des fesses. Vous avez dessiné un triangle. Réalisez ce contour trois fois.

Puis « coloriez » ce triangle avec vos pouces de façon symétrique : des ronds ou des traits glissés, tout est possible.

9+

le massage

88

massage contenant et calmant

Le massage glissé n'étant pas toujours
possible pour calmer votre enfant, vous pouvez
utiliser le massage contenant, beaucoup plus facile
et rapide à réaliser. Il peut se pratiquer n'importe
où et n'importe quand. Il est très utile en cas
de colère, de fatigue, de tension de fin de journée.
Accompagné d'un enroulement du dos,
il est très apaisant. Vérifiez que les pieds
de l'enfant sont en appui.

9+

le massage

89

garder le lien

Votre enfant n'a pas toujours envie de se faire masser. Ne vous inquiétez pas, son désir reviendra plus tard. Pendant cette période, vous pouvez garder un lien avec le toucher. Installez-vous confortablement avec lui et mettez-lui un peu de crème ou d'huile de massage au creux de sa main. Montrez-lui comment vous masser en plaçant sa main sur votre avant-bras. Les enfants adorent faire plaisir. Très rapidement, un réel partage se met en place même si, au début, ses massages sont plutôt un temps de communication qu'un vrai massage.

90

massage pour mieux dormir

Grâce au massage du gros orteil, vous pouvez rééquilibrer le sommeil de votre enfant.

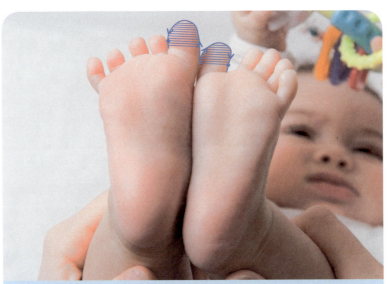

Après un court massage du pied, placez votre pouce fléchi sur le côté extérieur du gros orteil et suivez le pourtour. Sur la glande du sommeil (point bleu sur la photo), arrêtez-vous quelques secondes en tournant légèrement. Puis déplacez-vous latéralement pour colorier le dessous du gros orteil.

9+

le massage

91

massage de la tête

Ce massage est très relaxant. Il se pratique avec la pulpe des doigts. Vous pouvez déplacer vos doigts sur toute la surface de la tête de votre enfant jusqu'à la base du crâne, ou simplement masser la zone de la fontanelle.

L'éveil et la motricité

Marcher, puis bientôt courir, sauter, grimper, babiller puis parler... Entre 10 et 24 mois, les périodes d'éveil sont infiniment riches. Que d'émerveillement devant les progrès de votre enfant ! Il est rapide, imprévisible, parfois tranquille, toujours curieux... Accompagnez-le dans son éveil psychomoteur en lui proposant des petites activités adaptées à sa soif de découverte.

92
des bâtons pour accompagner ses premiers pas

Aider son enfant à faire ses premiers pas n'est pas toujours simple : vous devez beaucoup vous baisser pour arriver à le guider. Le petit se retrouve souvent les bras en l'air et les parents ont mal au dos !
Afin d'éviter ces désagréments, prenez deux manches à balai. Placez votre enfant debout dos contre vous en appui sur vos tibias. Mettez les bâtons devant ses mains. Laissez-le s'y agripper. S'il tient seul debout, avancez un bâton. Automatiquement, il avancera la jambe opposée. Continuez de l'autre côté, et ainsi de suite.

93

marcher pieds nus

La voûte plantaire des jeunes enfants est plate. Il est donc intéressant de les laisser marcher pieds nus. Lorsque le pied n'est pas tenu par une chaussure, tous les muscles sont stimulés et se renforcent. C'est la proprioception. Ainsi, sa voûte plantaire et la tenue de sa cheville se développent mieux. Marcher pieds nus procure aussi une multitude d'informations sensorielles, excellentes pour le développement. Sentir ses pieds est important pour votre enfant qui ressent un certain ancrage, sécurisant. Il faut tout de même veiller à ce qu'il ne se blesse pas ou ne se fasse pas piquer.

9+

l'éveil et la motricité

94
baliser son chemin

Votre enfant va vouloir explorer ses compétences motrices. Il va ainsi les diversifier, les consolider, les affiner... L'enfant apprend aussi en essayant, en trébuchant, en tombant. Pendant très longtemps, il va chercher les limites de ses compétences motrices. Il est important de le laisser faire toutes les expériences qu'il souhaite, dans la mesure où vous ne les jugez pas dangereuses ; votre rôle est de lui interdire des activités qui peuvent devenir périlleuses, ou d'intervenir à temps. L'équilibre entre ce que vous pouvez autoriser et ce que vous devez interdire est difficile à trouver, mais, globalement, faites-lui confiance. C'est important pour le développement de sa motricité et de sa confiance en lui.

95

les blocs de cire

Lorsque l'enfant commence à vouloir dessiner, son désir de crayonner est si fort qu'il se crispe parfois sur le feutre ou sur le crayon. Pour l'accompagner au mieux dans cet apprentissage, vous pouvez commencer par vous procurer des blocs de cire en forme de parallélépipèdes. Chaque bloc est bien solide, et sa forme va obliger l'enfant à le prendre en réalisant une opposition entre le pouce et les autres doigts. Cette pince le prépare efficacement à une prise correcte des crayons et des stylos.

9+

l'éveil et la motricité

96
la pince à cornichons

Regroupez quelques petits objets légers (pelotes de laine, plumes, vêtements de poupée, etc.), posez-les par terre et proposez à votre enfant de partir à la pêche. Ce mouvement va favoriser l'acquisition de la pince des doigts.

97

des papiers à toucher

Il est important de stimuler les sensations tactiles de votre enfant. Fabriquez une sorte de petit imagier des matières. Découpez des petits carrés dans différents supports : papier de verre, papier brillant, moquette, fourrure synthétique, velours, soie, etc. Asseyez-vous près de lui et commentez ce qu'il touche : c'est doux, ça gratte, c'est piquant, etc. C'est une façon très ludique d'enrichir ses sensations et son vocabulaire.

9+

l'éveil et la motricité

98

un coin à sa taille

Plutôt que de ranger sans arrêt la table
du salon envahie de feutres et de feuilles,
aménagez pour votre enfant un petit coin bien
à lui, mais pas trop loin de l'endroit où vous
vous trouvez le plus souvent. Ce peut être
à la cuisine ou au salon, par exemple.
Il s'installera avec plaisir à cette petite table
accueillante car il se sentira à la fois invité à créer,
à observer et en sécurité près de vous. Laissez
en libre accès sur sa table des pastels,
des feutres, ses images, etc.

9+

l'éveil et la motricité

99

un temps pour s'ennuyer

Contrairement aux idées reçues, le temps d'ennui est riche et nécessaire au bon développement de l'enfant. Lorsqu'il s'ennuie, il est obligé de faire appel à son imaginaire pour trouver quelque chose à faire. Si votre enfant vient vous voir et vous dit qu'il s'ennuie, prenez le temps de vous asseoir à ses côtés sans rien proposer. Il peut simplement avoir besoin de votre présence. Rapidement, il va trouver une idée et ainsi apprendre à mobiliser ses ressources personnelles.

100

le chasse-colère

Il est important d'apprendre très tôt à votre enfant à trouver en lui des ressources pour évacuer son trop-plein d'énergie, notamment lorsqu'il est en colère. Une fois la technique maîtrisée, vous le solliciterez pour la mettre en application au moment d'une crise. Lors d'un moment de calme, expliquez-lui que vous allez jouer au « chasse-colère ». Invitez-le à s'asseoir par terre, jambes écartées, mains posées au sol. Demandez-lui de taper sur le sol pour chasser la colère, puis de poser ses mains à plat et de donner sa colère à la terre. Cet exercice positionne l'enfant en enroulement du bassin, ce qui a un effet apaisant. Il devient en même temps maître de ses émotions.

9+

l'éveil et la motricité

Mes petites astuces

Mes petites astuces

Isabelle Gambet-Drago est masseuse-kinésithérapeute depuis plus de vingt ans. Spécialisée en neuropédiatrie, elle a travaillé plusieurs années en service hospitalier de néonatologie, réanimation pédiatrique et pédiatrie. Parallèlement, elle exerçait la kinésithérapie pédiatrique en libéral. Elle a ensuite suivi une maîtrise en pédagogie des sciences de la santé. Se servant de ces nouvelles connaissances en pédagogie, elle met en place des programmes d'éducation thérapeutique auprès d'enfants asthmatiques.

Elle est aujourd'hui responsable de la formation des professionnels de santé et de la petite enfance au sein de l'association Edelweiss. Cette association fait la promotion du massage bébé ainsi que du portage. Vous pouvez visiter le site de l'association pour des compléments d'information ou pour visionner des vidéos : massage-bébé.fr

D'autres ouvrages d'Isabelle Gambet-Drago :

Le Guide de mon bébé au naturel, sous la direction du Dr Dominique Leyronnas et de Catherine Piraud-Rouet, Nathan, 2010.

100 massages et activités de relaxation avec mon bébé, avec Gilles Diedrichs, musicothérapeute, Nathan, 2010.

Pour aller plus loin

Association Edelweiss

L'association Edelweiss (http://www.massage-bebe.fr) accompagne les parents pour les aider à favoriser le bien-être de leur bébé et de leur enfant. L'association est spécialisée dans le massage des bébés et des plus grands, ainsi que dans le portage et la réflexologie plantaire pédiatrique. Le site propose des vidéos, des conseils pratiques, un référencement de professionnels de santé diplômés d'État formés par l'association sur ces différents sujets.

Edelweiss Diffusion

Edelweiss Diffusion est une société qui propose des articles pour le bien-être de la maman et du bébé. Ils sont choisis ou fabriqués avec soin pour offrir le meilleur du savoir-faire de l'association Edelweiss en matière de portage, de massage (produits certifiés Bio) et de sélection de livres. Ces produits répondent aux exigences fixées par les professionnels de santé de l'association Edelweiss. Vous pouvez les commander en vous connectant sur www.edelweiss-diffusion.fr. ou en téléphonant au 05 53 07 48 58.

Grandir avec Nathan .com

Découvrez
grandiravecNathan.com,
le site Nathan
qui vous accompagne
dans votre rôle de parents.

**Une mine d'infos
pour les enfants
de 0 à 10 ans !**

Grandir avec Nathan, le site qui vous accompagne dans votre rôle de parents.
Accédez **gratuitement** à tous les contenus :

des **fiches-conseils**   des **activités ludiques…**   … et **éducatives**   la **communauté** des **mamans**

▶ www.grandiravecnathan.com

Grandir avec Nathan .com

3 mini-jeux
avec votre enfant de 1 an à 3 ans
pour l'occuper dans une **salle d'attente**,
pendant un **voyage en train** ou en avion…

 Placez un tout petit jouet dans votre main fermée, puis demandez à votre enfant de soulever vos doigts l'un après l'autre **pour découvrir** ce qui est caché.

 Regardez votre enfant droit dans les yeux en approchant votre visage du sien. Dès que vos nez se touchent, éloignez-vous… et recommencez !

Cachez votre **visage** derrière vos mains, puis repliez vos doigts l'un après l'autre pour faire apparaître votre visage.